51-
b 8
A.

HISTOIRE
DE
LOUIS-PHILIPPE
D'ORLÉANS,
ROI DES FRANÇAIS.

IMPRIMERIE DE GUIRAUDET
RUE ST-HONORÉ, N° 315.

HISTOIRE

DE

LOUIS-PHILIPPE

D'ORLÉANS,

ROI DES FRANÇAIS,

SUIVIE DE

Détails sur sa Famille.

25 CENT.

PARIS,

CHEZ LES MARCHANDS DE NOUVEAUTÉS.

1831.

HISTOIRE

DE

LOUIS-PHILIPPE

D'ORLÉANS,

ROI DES FRANÇAIS.

1773. — Louis-Philippe d'Orléans, roi des Français, naquit le 6 octobre. On lui donna d'abord le titre de duc de Valois. Il prit celui de duc de Chartres à la mort de son grand-père.

1777.— Les premières leçons qu'il reçut lui furent données par le chevalier de Bonnard, officier d'artillerie d'un mérite distingué, d'un caractère aimable et d'un esprit orné.

1782.— Madame de Genlis devient *gouverneur* des enfans d'Orléans. Elle se distingua dans cette carrière par la sagesse de ses principes; elle ne négligea pas la partie gymnastique de l'éducation, et contribua ainsi à rendre moins lourd à ses élèves le poids de la proscription quand ils furent accablés par le malheur.

1785.— Louis-Philippe est nommé colonel du quatorzième régiment de dragons.

1788. Le duc de Chartres, en visitant la Normandie, trouva dans la forteresse de Saint-Michel une cage de fer destinée encore à torturer les prisonniers, et qui avait servi de prison à un journaliste hollandais qui avait parlé avec trop de franchise de Louis XIV. Sa jeune âme s'indigne à la vue d'un tel instrument de supplice, et, à sa demande, il est détruit.

1789. — La convocation des états-généraux donne au jeune prince l'occasion de prouver combien il savait apprécier ce que c'était que la dignité et la liberté nationales : en toutes occasions il montra les sentimens les plus nobles.

1791. — Les colonels des régímens

étaient depuis long-temps des grands seigneurs, étrangers à leurs soldats, et ne se mêlant en rien de leur instruction ni de leur bien-être. Un ordre du ministre demanda la démission de tous ceux qui ne s'empresseraient pas de remplir rigoureusement leurs devoirs. Le duc de Chartres se hâta d'obéir, et se rendit à Vendôme, lieu de sa garnison. Là il eut l'occasion de montrer deux qualités dominantes de son âme, humanité et courage. Un prêtre était prêt à périr victime de son obstination et de la fureur populaire : Louis-Philippe, comme simple citoyen, se mêle au peuple et le calme par la persuasion. Un ingénieur tombe à l'eau et disparaît dans les flots : Louis-Philippe lui sauve la vie. Une couronne civique fut décernée au colonel de dragons par les abitans de Vendôme.

Août. — Avec son régiment il se rend à Valenciennes, et, comme le plus ancien colonel, il commande la place.

1792. Il fait avec distinction ses premières armes à Boussu et à Quaragan. Le lendemain une terreur panique s'empare d'une brigade qui occupait Quevrain : il se précipite au milieu des fuyards, et parvient à les rallier autant par sa fermeté que par la persuasion.

7 *mai.* — Il est promu au grade de maréchal-de-camp, commande une

brigade au siége de Courtrai, et part pour la Lorraine, où se réunissait l'armée qui devait s'opposer à l'invasion prussienne.

11 *septembre*. — Nommé lieutenant-général, on veut lui donner le commandement de Strasbourg; il refuse, se trouvant trop jeune et trop inexpérimenté pour se charger de la défense du pcint le plus important de la frontière. Kellermann alors lui donne une division, à la tête de laquelle il se couvrit de gloire à Valmy (20 septembre). Le poste qu'il occupait était décisif pour la victoire ou pour la défaite, et ce fut en vain que les Prussiens firent tous leurs efforts pour le déloger.

26 septembre. — Le lieutenant-général d'Orléans reçoit une nouvelle destination : il demande à rester sous les ordres de Kellermann, mais les besoins de la patrie exigeaient sa présence ailleurs, et il va se ranger sous les ordres de Dumouriez.

Novembre. — A Jemmapes il était à la tête de sa division : sur le point qu'il occupait il décida la victoire par une charge à la baïonnette qu'il fit exécuter avec une précision admirable.

Vers la fin de cette année, il suspendit ses exploits militaires, et s'occupa du salut de sa famille. Effrayé de la direction que prenait la révolution, qui chaque jour dévorait ses propres enfans, il proposa à sa famille de se retirer aux États-Unis. Les événemens politiques ne lui permirent pas d'exécuter son projet.

1793. — En février, il fut rappelé à l'armée, et se trouva à la funeste journée de Nerwinde; il commandait le centre de l'armée, et se retira en aussi bon ordre que possible sur Tirlemont. Bientôt après, frappé d'un décret d'arrestation pour s'être exprimé avec trop de franchise sur les excès de la révolution, il dut, comme Lafayette, chercher chez l'étranger une sécurité que ne lui offrait plus sa patrie. Il se rendit donc à Mons, où l'archiduc Charles lui fit offrir le grade de lieutenant-général. Il n'avait pas fui sa patrie pour porter les armes contre elle ; la seule faveur qu'il sollicita fut un passeport pour la Suisse.

12 avril. — Il partit pour Bâle, et ce fut en vain qu'il y chercha une retraite ainsi qu'à Zug, à Zurich. Sa sœur était venue le rejoindre, et il parvint à lui trouver un refuge dans un couvent. Pour lui, il se résigna à ne demeurer nulle part, et seul, à pied, presque sans argent, il visita toutes les Alpes.

Le général Montesquiou, plus heureux que Louis-Philippe d'Orléans, était parvenu à jouir en paix de la vie privée au milieu des solitudes de l'Helvétie. Il s'était lié avec l'un des propriétaires du collége de Reichenau, et lui proposa un jeune Français pour professeur. On voulut connaître avant d'accepter, et le jeune prince vint subir un examen dont il sortit avec honneur. Pendant huit mois il enseigna l'histoire, la géographie, les mathématiques et les langues française et anglaise; il s'attira l'attachement de ses chefs et de ses élèves. Des motifs particuliers lui ayant fait quitter cette retraite, il se rendit auprès du général Montesquiou, et, sous le nom de Corby, resta près de lui en qualité d'aide-de-camp. Vers la fin de 1794, son incognito ayant été trahi, il s'occupa de chercher un autre asyle.

1795. *Mars*.— Hambourg devient le lieu de sa résidence : il espérait de là passer en Amérique ; mais le manque d'argent le retint long-temps. C'est alors qu'il visita le Nord ; le Dannemark, la Suède, la Norwége, le virent parcourir, souvent à pied, leurs usines, leurs forêts et leurs solitudes. Le 23 août, après avoir traversé toute la Laponie, il parvint au cap Nord, à dix-huit degrés du pôle. Il revint par la Finlande ; à Stockholm il fut reconnu et comblé de soins.

Les tentatives pour lui faire porter les armes contre sa patrie redoublèrent à cette époque : il fit alors un dernier effort pour quitter l'Europe, loin de laquelle sa mère lui faisait espérer d'aller, avec ses autres fils, le rejoindre.

1796.—Le 23 septembre il s'embarqua, et le 21 octobre il arriva à Philadelphie.

1797. — Ses frères parvinrent enfin à le rejoindre, et ils occupèrent leurs loisirs à parcourir les différens états de l'Union : ils portèrent leurs pas jusque chez les sauvages. De retour à Philadelphie, ils y trouvèrent la fièvre jaune, et ne purent s'éloigner faute d'argent.

1798. — L'espoir de se réunir à leur mère leur fait former le projet de passer en Espagne, et à cet effet ils se rendent à la Havane. La cour de Madrid leur fait refuser l'entrée de ses états, et ordonne qu'ils soient jetés sans moyens d'existence à la Nouvelle-Orléans.

1799. — Le duc d'Orléans refusa de se soumettre à une telle injonction ; il se réfugia en Angleterre.

1800. — Là il eut une entrevue avec Monsieur, comte d'Artois, et une correspondance avec Louis XVIII. Dans l'une et dans l'autre on reconnut en lui une âme éminemment française. Peu après il fit un nouvel effort pour aller voir sa mère, qui résidait en Catalogne : ses tentatives furent vaines. On assure qu'il eût réussi s'il eût consenti à marcher sous l'étendard de l'armée de Condé. Il retourna en Angleterre, où il eut tôt le plaisir d'embrasser sa sœur. Il alla s'établir dans le modeste domaine de Twickenam, où il se fit adorer au dedans et considérer au dehors.

Pendant plusieurs années il y vécut dans le bonheur et dans l'oubli, ne sortant de sa solitude que pour aller visiter les établissemens industriels.

1808. — La santé de ses frères s'était altérée en Angleterre ; l'un déjà avait succombé ; on ne pouvait espérer de sauver l'autre qu'en lui faisant respirer l'air du midi ; mais il ne voulait pas quitter son frère. Louis Philippe s'arracha donc à sa solitude, et se rendit à Malte et de là en Sicile.

1809. — Son second frère étant mort, il fait de vains efforts pour voir sa mère ; mais l'Angleterre ne lui permet pas même de porter aux Espagnols luttant contre Napoléon le tribut de ses conseils. Qui devait donc encore le retenir dans le midi?

Las de vivre sans compagne, son cœur avait distingué la princesse Amélie des Deux-Siciles : il redoubla d'efforts pour atteindre le bonheur domestique qu'il ambitionnait tant, et ses tentatives ne furent pas sans succès : bientôt il serra sur son cœur sa mère, que depuis seize ans il n'avait pas vue, et peu de temps après (le 25 novembre) il fut uni à la princesse Amélie.

1810. — L'influence de l'Angleterre devenait menaçante en Espagne et en Sicile. On jugea nécessaire que les princes de la maison de Bourbon cherchassent de plus en plus à se concilier la confiance des peuples. Le duc d'Orléans se rendit en Catalogue, échoua partout par suite des menées du cabinet de Saint-James, et rentra en Sicile au moment où la même influence avait jeté le trouble dans cette belle contrée. Louis-Philippe s'éloigna alors de toute combinaison politique, et vécut à la campagne dans la plus complète retraite.

1814. — Les événemens de cette époque le rappelèrent en France, où il conduisit sa famille : il s'y installa non comme un prince fastueux, mais comme un riche bourgeois, dont tout le bonheur consiste à distribuer sa fortune, non en aumône à des paresseux, mais en récompense à de laborieux ouvriers.

1815.—Quand Napoléon parut en Provence, le duc d'Orléans accompagna le comte d'Artois à Lyon. On eut bientôt reconnu l'inutilité de leur présence sur ce point. Le commandement du département du Nord fut alors confié à Louis-Philippe : il prit avec le duc de Trévise toutes les mesures convenables, et se retira en Angleterre, où déjà sa famille était réunie. C'est alors qu'il écrivit au maréchal Mortier cette lettre vraiment sage, vraiment patriotique, que par une heureuse idée on vient de reproduire sur tous les murs de Paris.

Après la funeste journée de Waterloo, il revint en France, et siégea à la chambre des pairs. Il s'opposa à ce que cette chambre, dans la réponse à l'adresse, pressât le roi de se livrer aux mesures de rigueur. Il paraît que la cour blâma cette sage et généreuse conduite, et le duc d'Orléans partit de nouveau pour l'Angleterre.

1817. Retour en France.

Depuis cette époque, le duc d'Orléans, devenu totalement étranger au gouvernement du royaume, a vécu en riche bourgeois, répandant les produits de son immense fortune sur les artistes et sur les malheureux.

Ses fils, placés au milieu de nos

enfans, ont reçu avec eux les bienfaits d'une éducation publique. Lui-même, perdu chaque jour au milieu de notre population, y conduisait sans cesse sa femme et ses filles. Tant de qualités précieuses n'ont pas été sans récompense, et nous saluons enfin en lui le monarque-citoyen.

1830. *Juillet.*—Le duc d'Orléans accepte de la nation la lieutenance-générale du royaume.

Il donne 100,000 francs pour les blessés, les veuves et les orphelins, victimes de la révolution du 28 juillet.

3 *août.* — Dans son discours d'ouverture des chambres, il promet à

la nation toutes les garanties désirables, et le 8 août il est, à l'acclamation générale, proclamé Roi des Français.

AÏEUX ET POSTÉRITÉ

DE

LOUIS-PHILIPPE

D'ORLÉANS.

—

Louis-Philippe d'Orléans, dont le père mourut en 1793, et la mère, vrai modèle de vertus, en 1823, descend d'Henri IV, et par conséquent de St-Louis et de Hugues Capet. Par les femmes, le sang du grand Condé coule dans ses veines : ceux qui veulent dans le prince un sang noble et des souvenirs historiques seront satisfaits. Hâtons-nous d'ajouter, pour ceux qui ne verraient dans ces deux circonstances que des chances défavorables pour le bonheur du peuple, que Louis-Philippe, élevé dans les principes de 1789, a donné à ses enfans une éducation qui a effacé en eux toutes les traces que laisse ordinairement l'idée d'une grande naissance : l'égalité des classes a nivelé la fierté du sang.

La reine Amélie, née à Naples le 26 avril 1782, est fille de Ferdinand Ier, roi des Deux-Siciles : elle épousa Louis-Philippe en 1809 (25 novembre).

De ce mariage sont nés :

Ferdinand-Philippe-Louis-Charles-Henri-Roselin d'Orléans, duc d'Orléans, prince royal, né à Palerme le 3 septembre 1810 (âgé de 20 ans).

Louise-Marie-Thérèse-Caroline-Élisabeth, mademoiselle d'Orléans, née à Palerme le 3 avril 1812 (âgée de 18 ans).

Marie-Christine-Caroline-Adélaïde-Françoise-Léopoldine, mademoiselle de Valois, née à Palerme le 12 avril 1813 (âgée de 17 ans).

Louis-Charles-Philippe-Raphaël d'Orléans, duc de Nemours, né à

Paris le 25 octobre 1814 (âgé de 16 ans).

Marie-Clémentine-Caroline-Léopoldine-Clotilde d'Orléans, mademoiselle de Beaujolais, née à Neuilly le 3 juillet 1817 (âgée de 13 ans).

François-Ferdinand-Philippe-Louis-Marie d'Orléans, prince de Joinville, né à Neuilly le 14 août 1818 (âgé de 12 ans).

Henri-Eugène-Philippe-Louis d'Orléans, duc d'Aumale, né à Paris le 16 janvier 1822 (âgé de 8 ans et demi).

Antoine-Marie-Philippe-Louis d'Orléans, duc de Montpensier, né à Neuilly le 3 juillet 1824 (âgé de 6 ans).

Comme on a pu le voir, Louis-Philippe eut deux frères qu'il eut la douleur de perdre sur la terre de l'exil ; il lui reste une sœur qui depuis 20 ans ne l'a pas quitté, et qui est un modèle de bienfaisance : c'est Eugénie-Louise-d'Orléans, née le 23 août 1777.

REMARQUE.

Depuis que Hugues Capet est parvenu au trône, voici la seconde fois qu'une branche de la famille capétienne du nom d'*Orléans* donne des rois à la France. La première fois ce fut en 1498, elle ne donna qu'un roi, et ce fut Louis XII, surnommé le *Père du peuple*.

FIN

www.ingramcontent.com/pod-product-compliance
Lightning Source LLC
Chambersburg PA
CBHW060528050426
42451CB00011B/1716